COACHING PRO

ADAPTER SA COMMUNICATION AUX RÉSEAUX SOCIAUX

Conseils de Community Manager

Par Irène Guittin
Sous la direction de Céline Faidherbe

50MINUTES.fr

ADAPTER SA COMMUNICATION AUX RÉSEAUX SOCIAUX

- **Problématique ?** Les réseaux sociaux se développent rapidement et deviennent indispensables à la communication des entreprises. Participatifs, interactifs, multimédias et hypertextuels, leurs potentialités sont riches et prometteuses, à condition de savoir les exploiter.
- **Utilité ?** Diffuser la renommée de son entreprise, améliorer son image, toucher un public plus large.
- **Contexte professionnel ?** Communication, marketing, développement.
- **FAQ ?**
  - À quelle fréquence faut-il publier sur les réseaux sociaux ?
  - Comment dynamiser un compte endormi ?
  - Faut-il dire « je » ou « nous » ? Au nom de qui faut-il s'exprimer ?
  - Comment réagir face aux commentaires agressifs, calomnieux ou diffamatoires ?
  - Que se passe-t-il si l'on sort des conditions d'utilisation ?
  - Est-ce que les réseaux sociaux peuvent réutiliser les données publiées ?
  - Dois-je faire intervenir les réseaux sociaux dans les contrats de travail de mes salariés ?
  - Est-il indispensable d'embaucher un Community Manager pour exploiter les réseaux sociaux ?

Comme de nombreux outils de communication, particulièrement à leurs débuts, les réseaux sociaux apparaissent souvent comme un système mystérieux, plein de promesses et de vices, à la fois sésame de la connaissance du public et figure diabolique d'une génération exhibitionniste.

La communication, lorsqu'elle va au-delà des frontières et des limites connues, est toujours perçue comme un risque pour tous : risque de voyeurisme, risque de perdre son intimité, risque de se confondre dans l'autre, risque de n'exister que par le virtuel, etc. Les potentialités d'Internet, et les dangers qui vont de pair, semblent infinies. Au sein de cet instrument qui fait fi du temps et de l'espace, les réseaux sociaux apparaissent comme la pierre angulaire du partage à outrance. Ainsi que l'explique une vieille dame à un futur superhéros : « Un grand pouvoir implique de grandes responsabilités. » De même que Ben Parker doit savoir faire les bons choix pour devenir Spiderman et faire régner la loi sans tomber dans l'injustice, tout bon Community Manager doit maîtriser les règles des réseaux sociaux pour tenir un discours pertinent sans tomber dans l'ennui, le harcèlement ou le hors-sujet.

Pour faire partie des superhéros de la communication, exploiter les pouvoirs extraordinaires des réseaux sociaux et rassembler une petite communauté de fans autour de soi, mieux vaut en connaître rouages et astuces.

B.A.-BA DU PARFAIT ANIMATEUR DE RÉSEAUX SOCIAUX

UN NOUVEAU TYPE DE COMMUNICATION

Avec les réseaux sociaux, on ne se contente plus de transmettre une information à un public en espérant influencer son comportement. Bien plus, on veut pénétrer sa vie. Il s'agit de passer de l'extérieur à l'intérieur de son cadre personnel, de faire partie de son entourage de contacts, de ses « amis », au même titre que ses proches. En consultant les pages des réseaux sociaux, un individu prend des nouvelles à la fois de sa famille et des sociétés, groupes, associations, activités qui l'intéressent. En faisant partie de son réseau de contacts, on s'inscrit dans son cercle intime, on participe à son quotidien, on est perçu comme familier, rassurant, comme un élément de stabilité. Et à qui fait-on le plus confiance ? À un spot publicitaire ou à l'opinion d'un ami ?

Dans son ouvrage *Anthropologie de la communication*, Yves Winkin distingue deux conceptions de la communication :

- une conception « télégraphique », dans laquelle un émetteur transmet un message à un récepteur ;
- une conception « orchestrale », dans laquelle plusieurs individus émettent des informations perçues (ou non) les uns par les autres dans un système de réseau et de réciprocité.

Ces deux conceptions schématisent bien les deux types de communication actuels des entreprises. La publicité est un mode télégraphique : le public reçoit le message transmis par la société via le spot, l'affiche, le pop-up... La transmission se fait dans un seul sens, et le public est dans une situation passive de réception. Au contraire, les réseaux sociaux renvoient à une communication orchestrale. Il s'agit d'un échange au sein d'un groupe d'individus où tout est signifiant, y compris la réaction, le délai de réaction ou même l'absence de réaction. C'est un système beaucoup plus complexe. En enrichissant sa communication publicitaire par l'utilisation de réseaux sociaux, une entreprise passe donc d'une transmission à une interaction, avec ce que cela implique de prise en compte de l'individualité de l'autre.

AVANTAGES DES RÉSEAUX SOCIAUX

Si de plus en plus d'organismes utilisent les réseaux sociaux pour leur communication, c'est que cet outil regorge de possibilités et offre de nombreux avantages.

La « viralité »

La diffusion quasi planétaire de certains réseaux sociaux en fait des instruments de diffusion hors du commun. Grâce à l'infinité des interconnexions, une information peut être transmise à une quantité phénoménale de personnes en un temps record. C'est en quelque sorte le principe du bouche-à-oreille poussé à son extrême : une personne poste une information sur son mur, qui est vu par des centaines de personnes, qui la postent également sur leur propre mur, chacun étant à son tour vu par des centaines de personnes, etc. On le constate tous les jours, depuis l'avènement des réseaux sociaux, les informations circulent tout autour de la planète en quelques secondes. Elles se répandent de façon exponentielle comme un virus contagieux.

La gratuité

L'inscription aux réseaux sociaux les plus utilisés est gratuite. C'est d'ailleurs, entre autres choses, ce qui fait leur popularité et leur succès. Ils représentent ainsi un espace d'information totalement gratuit. Il est vrai que de plus en plus d'entreprises recrutent des Community Managers, c'est-à-dire créent des postes dédiés à l'exploitation de ces plateformes, ce qui est évidemment générateur de coûts. Cependant, la conception d'un programme publicitaire est infiniment plus coûteuse. La gestion de comptes d'entreprise sur des réseaux sociaux constitue donc un meilleur retour sur investissement, sûr et fiable. Bien plus, l'universalité d'Internet permettant une diffusion mondiale, les réseaux sociaux offrent le meilleur rapport coût/visibilité qui soit.

La création d'un dialogue

On le sait, la publicité suscite des réactions et des sentiments très ambivalents, car elle en appelle à la fois au conscient et à l'inconscient, non seulement pour informer, mais également pour influencer. Surtout, elle est fondamentalement à sens unique : la communication ne s'y fait que de l'entreprise au public, ce dernier ne pouvant être qu'en situation de réception.

Au contraire, la communication par les réseaux sociaux permet d'ouvrir le dialogue. Le public y a un droit de parole. Il ne se sent plus esclave de la publicité, contraint de la recevoir sans protester. On assiste ici, comme le disent

Proulx, Millette et Heaton dans *Médias sociaux. Enjeux pour la communication*, à un mouvement de démocratisation de la parole. Chacun peut s'y exprimer, manifester son adhésion aussi bien que sa contestation. Les réseaux sociaux permettent le dialogue et donc potentiellement la compréhension réciproque entre une société et le public qui la suit.

RISQUES ET DIFFICULTÉS

La réactivité

La condition *sine qua non* de toute communication sur un réseau social est la réactivité. Le monde va à toute vitesse ; il est parfois difficile à suivre. Les informations filent et se diffusent avec la rapidité des connexions internet. Si vous mettez trop de temps à communiquer, vous risquez rapidement de vous faire doubler par vos concurrents. Les internautes cherchent la primeur de l'information et suivent en priorité les pages qui leur offrent nouveauté, inédit et exclusivité. Si vous n'êtes pas en mesure de réagir rapidement aux événements, vos pages n'éveilleront pas l'intérêt du public et resteront lettre morte. Évidemment, cela ne signifie pas qu'il faut se précipiter pour publier tout et n'importe quoi. La difficulté (et le défi) d'une communication sur les réseaux sociaux est qu'elle doit combiner rapidité et pertinence.

La présentation

Sur Internet comme dans de nombreux domaines, l'apparence est déterminante sur l'impression que l'on donne à autrui. Il faut donc prendre un soin tout particulier à peaufiner son image sur les réseaux sociaux. Mais s'il faut évidemment savoir séduire, il faut aussi (peut-être surtout) avoir en permanence une présentation irréprochable à tous les niveaux.

> « Agir sur les réseaux sociaux, c'est donc anticiper l'idée que n'importe qui peut un jour prendre connaissance d'une information que vous avez diffusée. Il convient alors de soigner sa présentation de la même manière que si l'on sortait de chez soi physiquement, en disant "bonjour", en étant décemment habillé et en s'exprimant correctement. » (RISSOAN (Romain), *Les réseaux sociaux*, p. 13).

En effet, la moindre information, le moindre message, la moindre photo ou image postée sur vos réseaux est susceptible d'être immédiatement récupéré, transmis, répandu dans le monde entier sans que vous puissiez en contrôler la propagation. Une erreur, une maladresse, une mauvaise information peut faire le tour du monde en quelques minutes et nuire durablement à l'image de votre société. Ne confondez pas vitesse et précipitation. Malgré l'impératif de réactivité, il faut vérifier vos informations et réfléchir à toutes vos publications.

La frontière personnel/professionnel

Lorsqu'un employé a pour mission de gérer le compte Facebook, Twitter ou autre de son entreprise, c'est l'identité de sa société qu'il représente. Il ne parle pas seulement en son nom propre, mais doit exprimer le positionnement de son entreprise. Pourtant, c'est bien lui, en tant qu'individu propre, qui alimente le compte, fait les choix, rédige les publications. Comment alors séparer la communication officielle de l'entreprise de l'opinion personnelle ?

En tant que chef d'entreprise ou responsable de la communication, que vous choisissiez de laisser une grande liberté d'expression ou au contraire d'encadrer très strictement les publications, il est essentiel de poser un cadre, de définir une politique précise (fréquence, thèmes, tons, engagement, etc.) en fonction des spécificités de votre organisme (dimension, finalités, objectifs, secteur d'activité, etc.). Quel que soit votre choix, le positionnement doit être clair, stable et transparent. La personne qui s'exprime doit être identifiée par son rôle au sein de la structure. Le public doit ainsi pouvoir distinguer clairement qui parle et au nom de qui, sans quoi il risque d'être perdu et méfiant à votre égard ; or « les réseaux sociaux reposent en grande partie sur la confiance ; la briser est un risque » (FLANAGAN (Kieran), « Comment mettre en place une politique d'utilisation des réseaux sociaux pour votre entreprise ? » in *Salesforce.com*).

La personne derrière l'écran

Lorsque l'on parle au nom d'un organisme, il est difficile de savoir quelle attitude adopter : dois-je rester parfaitement neutre ? Puis-je formuler une critique ou dois-je rester à tout prix positif ? Puis-je faire preuve d'humour, d'indignation ou d'enthousiasme ?

Comme nous venons de le voir, c'est à l'entreprise de déterminer ce que vous pouvez vous permettre, mais, quoi qu'il en soit, il faut toujours montrer un visage humain. Le public ne doit pas avoir l'impression que les commentaires et réponses sont faits de façon automatique. Il doit avoir le sentiment que, quelque part sur le globe, il y a une personne, elle aussi derrière son écran, qui lui accorde toute son attention.

UN RÉSEAU, UN TON

Pour être vraiment pertinente, une communication doit être adaptée à son support. Or, chaque réseau à ses spécificités. On ne dit pas la même chose, on ne s'exprime pas de la même façon sur Facebook, Twitter, LinkedIn ou Viadeo.

Facebook

Réseau social le plus connu et le plus emblématique, Facebook est aussi évidemment celui qui compte le plus d'abonnés. Au-delà de sa popularité incomparable, il présente l'avantage de pouvoir créer une page professionnelle distincte du compte personnel. L'entreprise peut donc communiquer sur son actualité de façon officielle. En effet, chaque personne qui suit votre page est informée par notification de tous vos posts : commentaires, photos, vidéos, liens, etc. Mieux encore, elle peut y réagir et vous donner la possibilité de répondre à votre tour. Facebook permet ainsi de créer un véritable dialogue entre un organisme et ses « fans ».

Le caractère officiel de la page (bien distincte du compte personnel ou du groupe) oriente le ton vers le professionnalisme, vers un positionnement institutionnel. Sur une page Facebook, c'est l'organisme qui s'exprime (et non des individus isolés). Le discours doit représenter son identité.

À ÉVITER

Ne choisissez pas le nom de votre page à la légère, car dès que vous atteindrez les 200 adeptes, il vous sera impossible de le modifier. Le nom de la page doit absolument être conforme à celui de la société. Prêtez particulièrement attention aux majuscules, aux espaces et aux accents ; ce genre de détails peut empêcher des personnes d'accéder à votre page. Ainsi, n'intitulez pas votre page « SociétéX » si elle s'appelle en réalité « Société X » : les internautes qui feraient la recherche avec l'espace risqueraient de ne pas vous trouver.

Twitter

Limité à 140 caractères, un *tweet* est une forme d'expression assez poétique, un genre de haïku (court poème japonais) des temps modernes, en tout cas un exercice d'écriture sous contrainte où l'impératif d'extrême concision implique une réflexion sur la formulation. Twitter, c'est la combinaison d'une réactivité brûlante, instantanée et d'une expression léchée, précise, juste. C'est cette particularité qui donne à Twitter son intérêt, sa difficulté et son ton unique : direct, incisif, un tantinet piquant. Avec Twitter, on ne passe pas par quatre chemins. Le succès de ce réseau si particulier est très révélateur du monde actuel et de ses priorités : réactivité, concision, efficacité. Réussir sa communication sur Twitter n'est pas chose facile, mais c'est, peut-être plus que pour tout autre réseau, une garantie de s'inscrire dans l'esprit du public.

LinkedIn et Viadeo

Dès sa création, LinkedIn s'est positionné comme un genre de « Facebook pour entreprises ». Tout comme pour Viadeo, les réseaux y sont en effet principalement professionnels. Par rapport à Facebook, on n'hésite pas à faire entrer ses collègues, ses patrons, ses employés parmi ses contacts.

Viadeo est un équivalent français de LinkedIn. Bien que lui aussi présent à l'international, Viadeo est moins actif à l'étranger que son homologue américain. Cependant, le positionnement légèrement différent des deux réseaux les rend davantage complémentaires que concurrents. En effet, de par son ampleur moindre, Viadeo rassemble beaucoup de PME, tandis que LinkedIn compte les plus grosses sociétés au monde.

La particularité de LinkedIn et de Viadeo est de faire interagir non pas seulement des individus, mais aussi des sociétés, de trouver des partenaires avec qui l'entreprise pourra évoluer et se développer. Pour toutes ces raisons, le ton y est résolument professionnel. Ils sont également des outils importants de recherche d'emploi. Les entreprises y font paraître leurs offres, se renseignent sur les candidats potentiels, y traquent directement la perle rare en fonction de critères précis... Viadeo semble là encore privilégier la proximité en recensant de nombreuses offres de commerciaux et de cadres moyens, tandis que LinkedIn s'adresse plus particulièrement aux chefs d'entreprise et aux professions réglementées (avocats, huissiers, experts-comptables, etc.).

Ces deux réseaux sont donc de hauts lieux d'échange professionnel et de bons indicateurs de la santé d'une entreprise. Il ne faut donc surtout pas négliger ses profils LinkedIn et Viadeo.

Instagram et Pinterest

Déjà très répandus pour les comptes personnels et privés, Instagram et Pinterest se montrent aussi très prometteurs pour les professionnels. En effet, ces réseaux de partage de photos, images et vidéos offrent un moyen de communication original et moderne. Les inclure dans votre stratégie de communication est un excellent moyen de vous démarquer de vos concurrents qui n'ont pas encore sauté le pas.

On dit souvent qu'une bonne image vaut mieux qu'un long discours. Avec Instagram et Pinterest, ce dicton prend tout son sens. Une présentation visuelle des nouveautés, événements en cours ou produits à venir peut être la plus parlante et la plus efficace des promotions. La culture de l'image, de plus en plus prépondérante dans le monde actuel, révèle qu'un visuel porte en lui une quantité considérable de significations. Ainsi, la photographie d'un produit dit beaucoup plus que l'existence de ce produit : elle met en évidence l'identité de l'entreprise. Mieux encore, ce type de communication, moins formel, permet de créer une vraie proximité avec les internautes. Ils se retrouvent dans vos photos, votre état d'esprit, « likent » vos posts, les diffusent à leur entourage et participent à leur façon à votre communication.

Majoritairement consultés sur smartphone, Instagram et Pinterest suivent le public partout, devenant ainsi de véritables partenaires quotidiens. Il faut donc se comporter comme un ami sympathique, amusant, un peu taquin sur ces réseaux.

PETIT PLUS

Et si vous piquiez la curiosité de vos internautes ? Postez des photos qui ne dévoilent qu'une partie de votre prochain produit, un genre de teaser photographique qui divulgue les informations petit à petit. Intrigué, votre public voudra en savoir plus, guettera vos prochaines publications, et son attachement à votre société augmentera avec sa curiosité.

Cela dit, une communication réussie sur Pinterest et Instagram implique une identité visuelle forte et identifiable. Si votre marque a une spécificité visuelle, mettez-la en valeur, déclinez-la de toutes les façons possibles. C'est votre signature, et elle doit s'ancrer dans les esprits des internautes. Si vous n'avez pas encore créé votre identité visuelle, c'est le moment de vous lancer : profitez de vos tout nouveaux comptes Pinterest et Instagram pour forger votre particularité, le détail visuel qui saura vous distinguer des autres aux yeux du public.

TOP CONSEILS

- **Définissez une ligne éditoriale précise** : de quoi parle-t-on ? Avant de vous lancer, il est important de déterminer avec précision, et pour chacun des réseaux que vous voulez investir, quelle orientation prendront vos publications (ton neutre, engagé, caustique, humoristique...) et quel type de sujet vous traiterez (innovation scientifique, économie, people, écologie... ou uniquement l'actualité de votre secteur d'activité).

- **Désignez le ou les locuteurs représentants la société** : qui parle et en quel nom ? Vos internautes doivent pouvoir identifier qui s'adresse à eux. Le locuteur doit donc systématiquement se présenter (nom ou pseudo, fonction dans l'entreprise, etc.).

- **Déterminez une fréquence de publication** : dynamique, mais pas envahissante. Votre page doit évoluer régulièrement. Si une moyenne hebdomadaire reste une valeur sûre, le bon rythme est différent pour chaque société.

- **Soyez à l'écoute du public**, répondez aux participants. Si vous ne voulez pas perdre vos « fans », vous devez leur montrer qu'ils comptent pour vous et ne pas les négliger. Prenez donc la peine de répondre systématiquement à tous les commentaires qui vous sont adressés.

- **Défendez vos propos tout en étant bienveillant** : assumer vos positions, mais reconnaissez vos erreurs. Quels que soient les éventuels agressions ou commentaires désobligeants que vous pouvez recevoir, restez toujours professionnel et courtois. Cherchez à comprendre les critiques et à expliquer vos points de vue tout en étant capable de vous remettre en question.

- **Soyez patient** : ne vous découragez pas si les résultats mettent du temps avant d'être manifestes. La force d'un réseau social fort vient de la fidélité de ses internautes. Or, comme pour toute relation qui implique engagement et confiance, il faut laisser le temps au temps.
- **N'ayez pas peur d'être percutant** (dans une certaine mesure) : ne vous contentez pas de rediffuser les posts des autres, mais apportez des opinions et des informations nouvelles. Si vos internautes ont choisi de vous suivre, vous, c'est pour avoir vos opinions et vos ressentis, pas ceux d'autres personnes. Il faut donc que vous vous donniez la peine de vous exprimer vous-même.
- **Parlez-en** : vos différents moyens de communication doivent communiquer les uns à propos des autres. Formez une boucle de communication entre vos réseaux, de sorte que chacun renvoie aux autres.
- **Rythmez votre fil d'actualité avec des événements** : concours, jeux... De cette façon, vous sollicitez votre public, créez un véritable échange avec eux et leur offrez plaisir et divertissement.
- **Vérifiez l'orthographe et la grammaire**. Pour être crédible, vous devez absolument veiller à ce que la langue soit irréprochable.

FAQ

À QUELLE FRÉQUENCE FAUT-IL PUBLIER SUR LES RÉSEAUX SOCIAUX ?

S'il faut faire preuve de dynamisme et montrer que votre page est active, il faut également éviter d'envahir vos internautes jusqu'à frôler le harcèlement.

Évidemment, la bonne fréquence dépend du secteur d'activité, du réseau et de la ligne éditoriale que vous choisissez. Ainsi, une boutique de chaussures pourra publier chaque jour un modèle pour donner à ses clients un aperçu progressif de sa collection, tandis qu'une maison d'édition universitaire s'adaptera aux sorties d'ouvrages et aux avancées de la recherche.

Un bon rythme se situe globalement entre une fois par jour et deux fois par mois. À vous donc de trouver la fréquence qui vous convient : tentez, testez, tâtonnez, et elle finira par se révéler d'elle-même.

COMMENT DYNAMISER UN COMPTE ENDORMI ?

Une activité régulière est indispensable pour assurer le succès d'un compte. Cependant, le contenu publié doit aussi, évidemment, être de qualité et susciter l'intérêt des internautes. Mieux vaut poster un peu moins souvent de bonnes publications qu'inonder le réseau de posts sans intérêt, ou vous risquez de connaître le même sort que ces innombrables prospectus qui encombrent les boîtes aux lettres et finissent inexorablement à la poubelle sans jamais être lus.

FAUT-IL DIRE « JE » OU « NOUS » ? AU NOM DE QUI FAUT-IL S'EXPRIMER ?

Tout dépend de qui vous représentez : parlez-vous en tant qu'individu propre qui, bien que représentant un groupe, exprime son point de vue, ou écrivez-vous au nom de votre société dans son ensemble, de ses dirigeants, responsables et employés ?

Dans le premier cas, il convient de s'identifier très clairement afin de lever toute ambiguïté et de s'assurer que les internautes savent que c'est vous et personne d'autre qui leur répondez. Sans nécessairement donner votre nom (mais vous pouvez donner votre prénom), indiquez votre fonction au sein de l'entreprise. Cela leur permettra de comprendre votre rôle et votre responsabilité. Il est ici préférable d'employer « je » la plupart du temps et d'ainsi mettre en évidence votre personnalité au sein de la société.

Dans le second cas, il est impératif d'utiliser la première personne du pluriel. La page ou le compte représente en effet une entité plurielle, un groupe d'individus. S'ils peuvent évidemment avoir chacun avoir leur opinion propre, ce n'est pas là le lieu de les mettre en avant. Au contraire, c'est une communication officielle qui doit être portée, avec ce que cela implique de neutralité et de distance. L'usage du « nous » crée ainsi une distinction claire entre l'entreprise et vous-même.

COMMENT RÉAGIR FACE AUX COMMENTAIRES AGRESSIFS, CALOMNIEUX OU DIFFAMATOIRES ?

La particularité des réseaux sociaux est d'une part de permettre une grande liberté d'expression et d'autre part de mettre en contact des personnalités très différentes ; or la combinaison de ces deux facteurs entraîne parfois des dialogues compliqués, voire conflictuels. Il peut donc arriver que vous soyez confrontés à des commentaires désobligeants. Cela est inévitable, et c'est aussi, d'une certaine façon, une des richesses des réseaux sociaux : se confronter à l'adversité permet généralement d'avancer. Il faut néanmoins savoir comment gérer au mieux les situations de ce genre.

Quelle que soit l'attaque que vous subissez, vous devez à tout prix rester cordial, objectif et professionnel. Ne répondez pas à l'attaque par l'attaque, non seulement cela ne fera qu'attiser le conflit, mais en plus vous risquez de vous décrédibiliser auprès d'autres internautes. Écoutez les reproches formulés et répondez-y calmement en expliquant votre démarche et en justifiant vos choix. Si vous parvenez à recréer le dialogue et l'intercompréhension, vous parviendrez peut-être à convertir un opposant en votre plus grand fan !

QUE SE PASSE-T-IL SI L'ON SORT DES CONDITIONS D'UTILISATION ?

Chaque réseau social a ses propres règles d'utilisation et la création d'un compte en implique l'acceptation. Le non-respect de ces conditions d'utilisation peut donc engendrer des sanctions allant du simple avertissement à la suppression du compte.

Il est donc indispensable de bien prendre connaissance des règles d'utilisation de chacun des réseaux sur lesquels vous êtes actifs. Plus encore, vérifiez les mises à jour régulièrement : les conditions évoluent parfois sans que vous en soyez avertis.

EST-CE QUE LES RÉSEAUX SOCIAUX PEUVENT RÉUTILISER LES DONNÉES PUBLIÉES ?

Oui ! En publiant quelque chose sur un réseau social, vous donnez à celui-ci le loisir de l'utiliser à sa guise, c'est-à-dire le diffuser, le modifier, l'exploiter, etc. Il faut donc être très vigilant et veiller à ne rien poster de compromettant.

N'oubliez pas une règle fondamentale du Web : ce qui est sur Internet ne disparaît jamais !

DOIS-JE FAIRE INTERVENIR LES RÉSEAUX SOCIAUX DANS LES CONTRATS DE TRAVAIL DE MES SALARIÉS ?

Souvent, pour des raisons de confidentialité des activités de l'entreprise, il est en effet de plus en plus fréquent d'inclure une clause relative à l'utilisation des réseaux sociaux dans les contrats de travail ou dans le règlement intérieur des sociétés. Cela permet en effet de s'assurer que vos employés n'utiliseront pas les réseaux sociaux pour dénigrer votre enseigne. Cela devient habituel dans les très grosses sociétés comptant beaucoup de salariés et où les contacts entre les différents niveaux hiérarchiques sont rares.

CLIN D'ŒIL EMPLOYEUR

Dans les sociétés de taille plus restreinte, ce genre de clause peut parfois provoquer la gêne, voire la colère, de certains employés, qui y voient un manque de confiance à leur égard. Il faut dans ce cas privilégier le dialogue, rassurer vos équipes et leur expliquer qu'il ne s'agit que d'une formalité désormais banale.

EST-IL INDISPENSABLE D'EMBAUCHER UN COMMUNITY MANAGER POUR EXPLOITER LES RÉSEAUX SOCIAUX ?

C'est en tout cas fortement et de plus en plus recommandé. D'une part, la gestion de plusieurs comptes requiert non seulement un savoir-faire spécifique, mais aussi énormément de temps. Le rôle du Community Manager est de connaître les enjeux et les spécificités de chaque réseau, mais aussi d'effectuer une veille permanente pour rester constamment au fait de l'actualité. Il est donc le mieux placé pour savoir que dire, à quel moment et de quelle façon.

D'autre part, le gestionnaire de communauté, parce qu'il est en contact permanent avec l'ensemble des réseaux, suit les évolutions des conditions d'utilisation de chacun d'eux. Les modifications de ces règles sont très fréquentes et rarement notifiées aux utilisateurs. Le Community Manager garantit le respect de ces règles en vérifiant régulièrement que les comptes de l'entreprise sont conformes aux conditions d'utilisation exigées.

À VOUS DE JOUER !

Convaincu de l'extraordinaire potentiel des réseaux sociaux pour votre entreprise ? Il ne vous reste plus qu'à créer vos propres pages. Pour son succès considérable et sa facilité d'utilisation, nous vous recommandons de commencer par Facebook. En effet, le plus connu, peut-être le plus utilisé, certainement celui qui offre le plus de visibilité, Facebook est le réseau idéal pour débuter. En tant qu'entreprise ou association, préférez une « page » plutôt qu'un « compte », davantage recommandé pour un usage personnel.

- Sur la page d'accueil, ne remplissez pas les informations d'inscription (qui créerait un compte personnel), mais cliquez sur « créer une page ».
- Précisez ensuite ce sur quoi elle porte : « Lieu ou commerce local », « Entreprise, organisme ou institution », « Marque ou produit », « Artiste, groupe ou personnalité publique », « Divertissement », « Cause ou communauté ».
- Sélectionnez la catégorie dans laquelle vous vous situez avec le menu déroulant. Prenez soin de bien choisir la catégorie qui vous correspond, cela vous rendra plus facilement visible au public.
- Indiquez le nom de votre page. Attention, il doit correspondre fidèlement au nom de votre organisme, marque ou produit, notamment en prêtant attention aux espaces, aux accents et aux majuscules. Sinon, les internautes qui vous rechercheront risquent de ne pas vous trouver.
- N'oubliez pas de consulter les conditions d'utilisation des pages Facebook, car il est indispensable de savoir dans

quoi vous vous engagez, notamment en termes de droit, de contenu autorisé et de confidentialité.

- Cliquez sur « Démarrer », et ça y est ! Vous êtes l'heureux propriétaire d'une page Facebook ! Il ne vous reste plus qu'à la remplir de contenu et à la diffuser au maximum.

Une des premières étapes, et l'une de plus fondamentales, est l'ajout de visuels. Il faut en effet choisir à la fois une image ou photo de profil, c'est-à-dire celle qui apparaîtra en miniature à côté de chacune de vos publications, et une image ou photo de couverture, c'est-à-dire celle qui s'affiche en grand en haut de votre page et accueille les internautes.

Si la photo de profil d'une page est en général assez stable, car elle vous identifie facilement auprès du public, la photo de couverture peut être, si vous le souhaitez, modifiée régulièrement en fonction de vos actualités. Favorisez les visuels qui vous représentent sans ambiguïté : logo, produit phare, équipe ou toute autre image qui renvoie à votre identité.

Ensuite, remplissez avec soin les informations sur votre page. Cette présentation doit être à la fois concise et claire. Elle doit permettre aux internautes de vous comprendre (et de vous apprécier) en un instant. C'est aussi l'endroit idéal pour renvoyer à vos autres points de contact : site internet, adresse mail, autres réseaux sociaux, etc.

Vous pouvez ensuite publier le contenu que vous souhaitez et inviter des internautes à aimer votre page. Sachez qu'à chaque fois qu'une personne aimera votre page, vous recevrez une notification vous en avertissant et cela s'affichera sur le fil d'actualité de ses contacts. Comme nous l'évoquions précédemment, l'information se diffusera par viralité, de réseau en réseau.

Vous pouvez, à tout instant, consulter les statistiques de votre page et ainsi savoir ce qui suscite intérêt, réaction et partage. Plus encore, vous pouvez également – moyennant paiement – promouvoir votre page et générer des publicités qui s'afficheront sur le fil d'actualités des internautes.

Il ne vous reste plus qu'à alimenter votre page et rendre votre public accro à vos publications !

POUR ALLER PLUS LOIN

SOURCES BIBLIOGRAPHIQUES

- BAYLON (Christian) et MIGNOT (Xavier), *La communication*, Paris, Nathan université, 2003.
- HOSSLER (Mélanie), MURAT (Olivier), JOUANNE (Alexandre), *Faire du marketing sur les réseaux sociaux. 12 modules pour construire sa stratégie sociale media*, Paris, Eyrolles, 2014.
- PROULX (Serge), MILLETTE (Mélanie), HEATON (Lorna), *Médias sociaux. Enjeux pour la communication*, Québec, Presses de l'Université du Québec, 2011.
- RISSOAN (Romain), *Les réseaux sociaux. Facebook, Twitter, Viadeo, LinkedIn, Google+. Comprendre et maîtriser ces nouveaux outils de communication*, Saint-Herblain, Éditions ENI, 2011.
- FLANAGAN (Kieran), « Comment mettre en place une politique d'utilisation des réseaux sociaux pour votre entreprise ? » in *Salesforce.com*, juillet 2014, consulté le 8 janvier 2017. http://www.salesforce.com/fr/social-success/reseaux-sociaux/comment-elaborer-une-politique-d-utilisation-des-reseaux-sociaux-pour-votre-entreprise.jsp
- WINKIN (Yves), *Anthropologie de la communication. De la théorie au terrain*, Paris, Seuil, coll. « Points essais », 2001.

SOURCES COMPLÉMENTAIRES

- BALAGUÉ (Christine) et FAYON (David), *Réseaux sociaux et entreprise : les bonnes pratiques*, Paris, Pearson, 2012.
- BLADIER (Cyril), *La boîte à outils des réseaux sociaux*, Paris, Dunod, 2015.
- SALMANJEE (Yasmina), *Les réseaux sociaux pour les nuls*, Paris, First Éditions, 2016.

FILMS ET DOCUMENTAIRES

- *The Social Network*, film de David Fincher, avec Jesse Eisenberg, Justin Timberlake et Andrew Garfield, États-Unis, 2010.

Éditeur responsable : Lemaitre Publishing
Avenue de la Couronne 382 | BE-1050 Bruxelles
info@lemaitre-editions.com

ISBN ebook : 978-2-8062-9681-8
ISBN papier : 978-2-8062-9682-5
Dépôt légal : D/2017/12603/233
Photo de couverture : © Production Perig – Fotolia.com

Conception numérique : Primento,
le partenaire numérique des éditeurs.